La mayor de las aventuras

Título original: The Very Greatest Adventure…Is You Truly Being You
Derechos de autor © 2019 Los facilitadores de Siendo tú, Dain Heer y Katarina Wallentin

Título del libro traducido: La mayor de las aventuras… es ser verdaderamente tú
Derechos de autor © 2020 Los facilitadores de Siendo tú, Dain Heer y Katarina Wallentin
ISBN: 978-1-63493-373-5

Todos los derechos reservados. Impreso en los EE.UU. Ninguna parte de esta publicación puede ser usada, reproducida, traducida, guardada en un sistema de búsqueda o transmitida de ninguna forma y por ningún medio, electrónico, mecánico, fotocopiado, grabado o de ningún otro tipo, sin consentimiento previo y por escrito del editor, excepto por los revisores, quienes podrán citar secciones breves en sus análisis.

Para preguntas, por favor contacte a:
Access Consciousness Publishing
406 Present Street
Stafford, TX 77477 USA
accessconsciousnesspublishing.com

Algunos de los nombres y detalles en las historias de este libro han sido cambiados para proteger la privacidad de los involucrados. El autor y el editor del libro no hacen ningún reclamo o garantía de ningún resultado físico, mental, emocional, espiritual o financiero. Todos los productos, servicios e información proporcionados por el autor son para fines de educación general y de entretenimiento solamente. La información proporcionada aquí no es de ninguna manera un sustituto del consejo médico. En el caso de que usted utilice cualquier información contenida en este libro para usted mismo, el autor y el editor no asumen ninguna responsabilidad por sus acciones.

Traducido del inglés por Karla Mánica Avendaño

La mayor de las aventuras

...ES SER VERDADERAMENTE TÚ

POR LAS AVENTURAS DE SIENDO TÚ

CONTENIDO

17 MAGIA CON LOS GEMELOS *Lauren Marie*

29 SOLTAR EL CONTROL *Doris Schachenhofer*

35 CONFIAR EN MI CUERPO, CONFIAR EN MÍ *Heather Nichols*

45 NO NECESITAS DEMOSTRAR NADA *Stephanie Richardson*

55 ¿POR QUÉ NO LO ENTIENDEN? *Samantha Lewis*

67 COLOREAR FUERA DE LAS LÍNEAS *Bret Rockmore*

77 ELEGIR TRIUNFAR VIVIENDO *Simone Arantes*

85 RESPALDARTE A TI MISMA *Shivam Saxena*

93 RECIBIR A TU FAMILIA *Susanna Mittermaier*

99 DIVORCIARTE CON FACILIDAD *Pam Houghteling*

109 ENOJO, AMOR Y EMOTICONES *Hanna Valdevi*

115 ¿VAS A UNA FIESTA? *Susanna Mittermaier*

123 LA REINA DEL JUICIO PROPIO *Betsy McLoughlin*

131 LA HOJA *Angela Kovacs*

147 SIENDO YO CON MIS HIJAS *Laura Simmonds*

153 MÁS ALLÁ DE LA MEDIOCRIDAD *Lisa Henriksson*

159 MAMÁ, ¿ESTÁ TODO BIEN? *Katarina Wallentin*

167 LA ELECCIÓN DE VIVIR *Margit Krathwohl*

173 FRENTE A LA GRATITUD *Peony Chung*

181 SIENDO TÚ CON LA PENA *Wendy Mulder*

187 NOSOTROS, COMO SERES, SOMOS UNA DANZA *Katarina Wallentin*

197 NUNCA JUZGUES TUS LÁGRIMAS *Pragya Sabine Erlei*

207 NO NECESITAS ESCONDERTE *Kristen Tromble*

211 ENCONTRARTE CUANDO TE PIERDES A TI MISMO *Kass Thomas*

217 DA EL SIGUIENTE PASO *Dain Heer*

¿POR QUÉ ESTE LIBRO?

En este libro no hay respuestas.

No hay soluciones a tus problemas.

No hay un camino correcto que seguir.

¡Maldición!

Así que, ¿por qué carambas deberías leerlo?

Bueno, este libro se realizó para recordarte quién eres verdaderamente:

una creación continua.

Deja de tratar de encontrarte.

Mi amigo, no estás suficientemente definido para ser encontrado.

Créate.
Elígete.
Sé tú.
Repite.

¡Tú siendo verdaderamente tú eres la mayor de las aventuras!

¿QUIÉNES SOMOS?

En 2011, Dain Heer escribió un libro llamado "Siendo tú, cambiando el mundo", una caja de herramientas innovadora para los buscadores del mundo.

A lo largo de los años, se ha convertido en mucho más que un libro…Es hoy en día una clase, un club de lectura, un programa de facilitadores y mucho más.

Se está convirtiendo en un movimiento, un movimiento de ser tú creado por los deseos de las personas y por su demanda de ser verdaderamente ellos, de ser la diferencia, de ser más.

Este libro es una colección de ideas, perspectivas e historias contadas por los facilitadores de Siendo Tú quienes han sido entrenados por Dain Heer y que facilitan las *clases de la aventura de ser tú* en todo el mundo.

Vas a conocernos a través de estas páginas, y si te gustaría descubrir más, solo ve a: beingyouadventures.com.

¿Y si tú, verdaderamente siendo tú, eres el regalo y el cambio que este mundo requiere?

¿CÓMO USAR ESTE LIBRO?

1) ¡Por favor ten en cuenta que no hay necesidad de ser lineal con este libro!

Comienza por el final, si lo deseas.

O en el medio.

O solamente hojéalo y ve qué páginas desea mostrarte el universo.

Toma un bolígrafo y comienza a cocrear este libro con nosotros

2) Tal vez, ¿le puedes permitir acompañarte por algunos días?

- ¿Tenlo listo y esperando en tu mesa al lado de la cama?
- O ponlo en el baño, ¿si ese es el lugar donde puedes encontrar tiempo para ti?
- O tal vez en la cocina, ¿para que otras personas puedan verlo mientras tú les horneas galletas?

"¿Y SI SER TÚ NO
DEFINICIÓN, SIN
PREGUNTA, UNA
ESPACIO Y UNA

es una una elección, un osibilidad?" —Dain Heer

MAGIA CON LOS GEMELOS

Lauren Marie, Australia

Mi fuente se rompió alrededor de la una de la mañana, siete semanas antes de la fecha prevista. Ese día, nos cambiábamos a una nueva casa, o eso pensábamos. Traté de fingir que no estaba sucediendo, pero para las 4 a.m. tenía contracciones y corrimos al hospital. ¡Los gemelos habían decidido que ese día iban a nacer, y no se detendrían hasta ver el mundo!

Ahí estaban 18 personas, incluyendo los doctores y las enfermeras, además de mi esposo, todos reunidos en la habitación, justo después de las 7 p.m., mientras expulsaba a estos bebés al mundo. Nueve personas para cada diminuta criatura de 4 libras.

Mi hija, Ayla, nació primero, tenía problemas para respirar y la colocaron inmediatamente en una máquina. La máquina cubría completamente su cara. Mi hijo, Preston, nació después, un poco más pesado y robusto.

Rogué que me permitieran abrazar a Ayla, a lo cual finalmente consintieron, pero dijeron que solo por dos o tres minutos, porque ella necesitaba regresar al respirador. Sostuve su pequeño cuerpo desnudo contra mi pecho, y le pedí que tomara lo que necesitara de mi cuerpo y le dije cuánto la amaba y que todo iba a estar bien.

Casi inmediatamente su respiración se reguló por sí sola, y sus latidos se estabilizaron. Los doctores estaban tan complacidos de ver el cambio que me permitieron cargarla por más de dos horas sentada en mi silla de ruedas, acurrucada en mi pecho, mientras dormíamos. Después de eso ella nunca más necesitó el respirador para sus pulmones.

Pasé tres semanas en esa habitación, sentada en una silla junto a las incubadoras, con las lágrimas rodando por mis mejillas. Los vi crecer más fuertes y saludables cada día. Las lágrimas no eran de tristeza, de miedo, o de preocupación. Las lágrimas eran de gratitud, asombro y fascinación. Me rehusé a irme de su lado, sintiéndome un poco delirante por la falta de sueño y alimento.

Dicen que no hay nada como el amor que puedes tener por tu propio hijo. Pero yo pienso que en realidad lo que experimenté fue algo más.

Finalmente pudimos irnos, prácticamente corriendo, del hospital, con nuestros bebés. Hablé con una amiga cercana acerca de cómo pasé tres semanas llorando, asombrada del regalo que eran estos pequeños preciosos. Ella dijo brillantemente: "bienvenida a ser tú".

Creo que es así para muchos de nosotros, es en estas situaciones de emergencia, cuando somos llamados a ser todo lo que somos. Fue un espacio de tal vulnerabilidad y de tal presencia que no podía no ser yo. Por el bien de estas dos vidas, tenía que colocarme en un espacio donde pedía, no, donde **demandaba hacer** todo lo que estaba en mi poder para asegurarme de que sobrevivieran. Estaba dispuesta a pedir y a recibir, con el corazón abierto, la contribución de cada molécula en el universo y de cada mano que estuviera dispuesta y **fuese** extendida hacia mí.

Me pregunto, ¿cómo sería el mundo si pudiéramos vivir de esa manera todo el tiempo?

¿CÓMO SABES CUANDO ESTÁS SIENDO TÚ?

Cuando realmente soy yo, soy el espacio de ser en la totalidad, que está literalmente conectado a todo, que incluye a todas las personas y sin embargo es enteramente yo.

Existe un espacio inmenso en el que mi cuerpo es totalmente ligero, sin límites ni estímulos. Una intensidad del ser y del cuerpo donde nada está atado, contraído, disminuido o limitado.

—*Tanja Barth, Alemania*

"Hoy tú eres tú, que la verdad. M
que sea más

"...o es más cierto
...hay nadie vivo
...tú que tú."

—Dr. Seuss

LA PRIMERA VEZ QUE SUPE QUE REALMENTE ESTABA SIENDO YO...

La primera vez que descubrí que realmente estaba siendo yo fue cuando escuché música al andar por la calle y comencé a bailar con todo mi cuerpo, sin pensar acerca de lo que nadie diría. Eso fue valiente para mí, y un momento en donde estaba siendo verdaderamente yo.

El bailar en el medio de la calle en Turquía, en un país en donde todos se preocupan mucho por los pensamientos y opiniones de los demás, fue el momento que se convirtió en el principio del cambio.

¡Ahora hago lo que me gusta y que disfruto para mí!

—*Berna Sirin, Turquía*

"Vivir es
DE EXPANDIR

A ACCIÓN

ODO EN TU VIDA."

—Gary Douglas

SOLTAR EL CONTROL

Doris Schachenhofer, Austria

Cuando estaba embarazada de mi primer hijo, planeaba que naciera en casa. En esa época nada más era aceptable para mí. Mi punto de vista era que el nacimiento es algo natural, así que, no había otra opción que la de dar a luz al bebé en casa con la ayuda de una partera.

El embarazo fue fácil y relajado. En el séptimo mes, el bebé aún se encontraba sentado. Los doctores me dijeron directamente que no podía dar a luz al bebé en la casa y que necesitaba una cesárea.

Al principio, me sentí indefensa y desesperada sobre recibir a mi bebé dos semanas antes de su fecha de nacimiento y por cesárea. Llamé a la partera llorando y preguntándole ¿qué más era posible?, porque no iba a permitir que esto sucediera en mi realidad.

Mi objetivo principal era no tener al bebé antes de que estuviera listo, y para ser honesta, evitar tener alguna herida en mi cuerpo. Mi partera encontró un hospital donde los doctores permitían los nacimientos con los bebés sentados.

Obtuve el consentimiento para dar a luz ahí, y mi hijo nació naturalmente, aun cuando venía de nalgas.

Siempre estuve segura de que mi bebé, y yo también, estaríamos bien. Después del parto, mi partera me comentó que normalmente las mujeres reciben una episiotomía durante un parto con el bebé sentado, pero este doctor no lo hizo, porque él realmente percibió y reconoció las capacidades de mi cuerpo. El parto duró dos horas.

Esta situación me mostró que no puedo controlar todo de la forma en la que pienso que debería ser, pero que puedo estar en la pregunta sobre qué más es posible. El dejar ir el control y no aferrarme al parto en casa abrió nuevas posibilidades que crearon muchas más.

ENCONTRARTE CUANDO TE PIERDES A TI MISMO...

Mi manera favorita de volver a ser yo cuando me pierdo, es permitirme tener un mal rato y disfrutarlo. Cuando termino, elijo nuevamente, y para hacerlo más fácil, me gusta poner algo de buena música o salir a la naturaleza, sentir mis pies en el césped, recargarme en un árbol, nadar en el océano y permitir que cada molécula alrededor de mí me contribuya y nutra mi cuerpo.

—*Susanna Mittermaier, Austria*

CONFIAR EN MI CUERPO, CONFIAR EN MÍ

Heather Nichols, EE.UU

¡Tenía grandes y maravillosos planes! Iba a tener a mi dulce bebé varón en casa. En una enorme tina que mi asombrosa partera iba a proporcionarme. Había elegido cuidadosamente algunos amigos para estar conmigo, ¡y teníamos todo perfectamente planeado!

El día de mi fecha de parto, en medio de la noche, se rompió mi fuente. ¡Era el momento! Este niño iba a nacer. Llamé a la partera, alerté a mi equipo de nacimiento ¡y todo estaba preparado!

Excepto que… no estaba teniendo contracciones. Y unas cuantas horas después, todavía no tenía contracciones. Un día después, aún no había contracciones.

Cuando ya se ha roto tu fuente y no hay labor de parto, corres el riesgo de que el bebé tenga una infección. El mundo médico toma esta situación como algo muy serio, y prefieren que el parto sea tan pronto como sea posible cuando esto ocurre. Por suerte para mí, mi partera era brillante, relajada, y había asistido en el nacimiento de más de 1000 bebés alrededor del planeta, en muchos países del tercer mundo, y frecuentemente en condiciones 'debajo de los estándares'.

Ella verificaba constantemente los latidos del bebé. Él estaba bien. Y yo me mantenía conectada con mi cuerpo, con mi bebé y con mi saber. Sabía que estaría bien. Sabía que él estaría bien. Sabía que estaríamos bien. Así que esperamos e hicimos todo lo que nos era posible para hacer que comenzara el trabajo de parto.

Tres días después, todavía no había trabajo de parto; decidí que era momento de ir al hospital a que me indujeran. Mentimos. Les dijimos que mi fuente se había roto hacia 12 horas, para que no nos llenaran, a mí y al bebé, de antibióticos. Aun así, yo sabía que estaríamos bien. De hecho ¡estaríamos GRANDIOSAMENTE! Y solo confié en mí misma y reconocí que sabía, más allá de ese miedo intenso que permea el mundo médico.

Después de que me suministraran un poquito de medicamento (pitocin), estaba en plena labor de parto. Insistí en hacerlo dentro de la tina de baño. Me acompañaba una enfermera que conocía bien a mi partera, que confiaba en ella, y que le permitió hacerse cargo, aunque a las parteras no se les permite recibir bebés en los hospitales de mi localidad. Y mi partera me permitió a *mí* hacerme cargo. Y yo le permití a mi cuerpo hacerse cargo, y mostrarme lo que él sabía sobre dar a luz.

Aparentemente, ¡mi cuerpo sabía mucho! No me dieron ningún medicamento, y pasé las oleadas de las contracciones con relativa facilidad. Fue la primera vez en mi vida en la que estuve completa, total y firmemente presente por tanto tiempo.

En un raro momento cuando me encontraba anticipando con temor la siguiente contracción, mi partera compartió conmigo unas brillantes palabras de sabiduría que aplican a todo en la vida: "¡no tengas una contracción cuando no estás teniendo una contracción!"

En ese momento me di cuenta, que no solamente mi cuerpo sabía exactamente lo que tenía que hacer mientras sucedían las contracciones, sino que yo también podía relajarme totalmente entre ellas. Pude permitirle a mi equipo de nacimiento que rociaran agua caliente sobre mí. Pude relajarme, pude estar feliz, pude tener facilidad y pude recibir.

Pude pedir lo que sabía que necesitaba, y permitirles a todos en la habitación que nos contribuyeran a mí y a mi bebé.

Cuando llegó la hora del alumbramiento, me subí a la camilla y en unos dulces y poderosos empujones llegó Avery al mundo. Mi cuerpo supo exactamente lo que hacer. Nunca dudé de él, y confié en él completamente.

Una vez que me indujeron, fue un lapso corto de cuatro horas hasta que Avery nació. El proceso entero fue un gran regalo de confianza, presencia, potencia, y de mí, al estar dispuesta a liderar el nacimiento, la habitación, a las personas, la experiencia, basándome en lo que era verdadero para mí, en lo que funcionaba para mí, en lo que se sentía bien para mí, y en lo que sabía que funcionaría también para Avery.

La experiencia de dar a luz a este increíble niño me cambió. Sabía que podía confiar en mí misma como nunca antes. Y experimenté la brillantez y las capacidades de mi cuerpo como nunca antes. También fue el comienzo de una hermosa comunión entre este asombroso niño y yo, que va más allá de "mamá e hijo", que nos honra verdaderamente a ambos, y que es uno de los regalos más grandiosos en mi vida hasta ahora.

"Ser tú, ¿por qu[e]
tanto por en[
nacist[e
dest[a

TE ESFUERZAS
AJAR CUANDO
PARA
CAR?"

—Ian Wallace

NO NECESITAS DEMOSTRAR NADA

Stephanie Richardson, EE.UU.

Lo complicado de ser tú es que no se siente como nada. Ser tú no requiere ningún esfuerzo.

"¿Piensas que tienes que demostrar algo?" Escuché decir a alguien detrás de mí.

Estaba trabajando como becaria en una compañía de publicidad global en el departamento de fotografía, y sentía que cargaba un saco de arena de cien libras…

La persona que hablaba detrás de mí era mi jefe. *"¡Sí!"* respondí. Lo hacía.

La industria de la fotografía está dominada primordialmente por hombres, y quería demostrar que podía hacer lo que los hombres hacen en el set. Yo no quería ningún tratamiento especial. No quería que no me tomaran en cuenta, o que no me contrataran porque alguien pensaba que no podía con el trabajo.

LA MAYOR DE LAS AVENTURAS

El estar siempre tratando de demostrar algo de mí me había cobrado un precio. Había pasado por alto que había formas más inteligentes en las que podía estar trabajando, formas de hacer mi trabajo que requerían mucho menos esfuerzo y que serían mucho más eficientes.

Había un carrito a menos de diez pies de mí. En algún momento podía haber cargado 200 libras o más con el carrito. Podía haber elegido hacer menos viajes y tener total facilidad. En cambio estaba demostrando que era "ruda" y "fuerte".

Al tratar de ser ruda y fuerte, que era lo que yo había decidido que debía ser valioso, a veces dejaba de ver las otras cosas que tenía para ofrecer; como ser inteligente, eficiente, innovadora, o incluso, ¡que fuera fácil y divertido!

Lo que no sabía, es que no se me valoraba para nada por ser ruda o fuerte. Nadie esperaba que fuera así más que yo. El ser ruda era un trabajo que me había dado a mí misma. Sin saberlo, me estaban contratando por algo muy distinto.

Algunos meses después, sucedió una escena similar en otro set… el fotógrafo me hizo a un lado y me dijo: "¿sabes que no te contraté por la misma razón por la que contrato hombres?"

...ES SER VERDADERAMENTE TÚ

Y dudé. Siempre quise ser equiparada a los hombres. ¿Qué estaba diciendo este señor? Si no era valiosa en la forma en que ellos lo eran, ¿para qué servía? No quería ser diferente. Solo quería ser grandiosa en cualquier cosa que hiciera.

"No necesitas demostrar que puedes hacer las cosas que los hombres hacen. Te contraté porque el set es realmente diferente cuando estás aquí".

Lo que esos jefes estaban tratando de decirme, era algo que no quería oír en lo absoluto. Lo que ellos me decían era que al tenerme ahí, yo era valiosa, no porque podía levantar sacos de arena de más de 100 libras y no sudar, sino porque yo era yo. Tenerme ahí cambiaba la forma en que funcionaban las cosas en el set.

Hubo muchas otras veces en las que todavía trataba de ser lo que yo pensaba que debía ser. Pensaba que el trabajo era, por definición, donde tratabas de ser lo que otros querían de ti. No entendía que las personas me contrataban para hacer lo que hago mejor, con la mayor facilidad, o incluso solo para tenerme cerca.

Cuando soy yo estoy inspirada, soy innovadora, un poco extravagante, fácil y divertida. ¿Alguna vez has observado a un niño recibir un regalo que le encanta y entusiasmarse realmente por ello? Así es como es ser yo.

Cuando intento encajar en lo que los demás quieren que sea, requiero ver a través de los lentes de lo que yo pienso que alguien más quiere que sea. Eso requiere mucha presión y esfuerzo. ¿Alguna vez has visto a alguien hacer levantamiento de pesas? ¿Has visto sus caras? Ese es el rostro de un trabajo duro y del esfuerzo. Así luce mi cara cuando no estoy siendo yo. ¿Parece feliz, divertido y con facilidad? No lo creo.

Hay una facilidad extraña en mostrarte y ser tú. Tienes mucho que contribuir cuando eres cualquier combinación de los dones y talentos que ya eres y contribuyes a lo que tú, de manera única, tienes para ofrecer.

Cuando usas tus dones y habilidades, tal vez puedas sentir que te sales con la tuya en algo, porque el trabajo es realmente divertido. O las personas pueden agradecerte por lo que has aportado a una junta o un proyecto, y tal vez quieras decir algo como: "gracias pero realmente no hice nada…yo solo…" La mayoría de nosotros no tiene práctica en tener la vida de facilidad que implica ser nosotros y los dones que somos sin tener que esforzarnos.

…ES SER VERDADERAMENTE TÚ

La cosa sobre ser tú es que, cuando más lo eres, no lo piensas. Es como tu ropa. Cuando tu ropa no te queda bien, le dedicas tu atención de manera constante. La acomodas. Quieres cambiarte de atuendo. Quieres quitártela. Cuando tu ropa es cómoda, y te sientes bien en ella, no caminas pensando en tu atuendo, solo disfrutas tu día.

Cuando estás siendo tú, ¡es como traer ropa cómoda y sexy! ¡No requiere esfuerzo y te ves muy bien haciéndolo!

¿CÓMO SABES CUANDO ESTÁS SIENDO TÚ?

Sé que estoy siendo yo cuando me estoy divirtiendo.

Parece haber un flujo natural en todo durante mi día, desde la creación de nuevas ideas, en mi trabajo, en la interacción con otras personas, hasta la forma en como manejo las cosas que surgen.

También hay una sensación muy distinta en mi cuerpo cuando estoy siendo yo verdaderamente; ni siquiera importa cuanto haya dormido. Estoy llena de energía y lista para crear en el día. Es un espacio en el que todo es posible, y un nivel de confianza en mí donde nadie va a detenerme; incluyéndome a mí.

—*Laleh Hancock, EE.UU.*

LA MAYOR DE LAS AVENTURAS

TOMA UN BOLÍGRAFO

¿CUÁNDO FUE LA PRIMERA VEZ QUE SUPISTE QUE ESTABAS SIENDO TÚ?

_____

_____

_____

_____

_____

...ES SER VERDADERAMENTE TÚ

¿POR QUÉ NO LO ENTIENDEN?

Samantha Lewis, Sudáfrica

Siempre pensé que tenía que encajar. Durante la preparatoria, nunca fui una de las chicas populares, soñaba mucho y me perdía la mayor parte de lo que sucedía en las clases, excepto en las clases de arte, historia y geografía.

Siempre me fascinó la evolución de las cosas, cómo las personas hacían las cosas, la forma en que surgían los países, y la manera en que nacían las ciudades.

Nunca pude entender por qué mis padres estaban tan enfocados en las calificaciones de los exámenes, cuando yo solo estaba feliz de estar obteniendo la información. Después de todo, ¿no veían todos las imágenes que yo veía, y tenían un sentido de esos tiempos pasados de la historia como yo? Cuando veo hacia atrás a mis tiempos de escuela y mi crecimiento, me doy cuenta de que pensaba que todos veían, sentían y tenían la sensación de las cosas de la forma en que yo lo hacía.

Me sentía confundida cuando le explicaba algo a un amigo o a mis padres acerca de lo que estaba dibujando o como sabía lo que mi perro me pedía. No parecían entenderlo. No entendían por qué una niña pequeña no tenía miedo a esos perros grandes que estaban al final de la calle; como podía acariciarlos a través de la reja cuando todos los demás caminaban alejándose de ellos tanto como era posible. Me pregunto si ellos sabían de lo que se estaban perdiendo sobre lo divertido que era acariciar los perros, y lo agradecidos que estaban los perros por el afecto.

Siempre tuve esta sensación de seguir, solo seguir y ¡nunca detenerme! Tenía mucha energía, y siempre me despertaba temprano por la mañana y era la última en irme a la cama. Podía sentarme sola durante horas, leyendo, dibujando, o solo viendo los árboles cuando había viento. Todos los demás siempre parecían necesitar algo, o querer ir a algún lugar. Ellos parecían estar muy lejos.

Cuando terminé la escuela, tomé el periódico local y fui a buscar el primer trabajo que me llamó la atención y que parecía divertido. Mi papá me dijo que no lo iba a obtener porque no sabía nada sobre eso. Pensé que era extraño que él no pudiera ver las posibilidades que yo podía ver; que yo podía aprender algo nuevo y que era emocionante no saber. En ese entonces no me daba cuenta de que lo desconocido, que era emocionante para mí, le daba miedo a la mayoría de las personas.

Mi vida sigue teniendo momentos de: "¿no todos ven eso? ¿No sienten o perciben eso?" Ahora sé que cuando considero estas preguntas, es un momento en el que puedo decir: "*ESTE es el regalo de ser yo, lo que veo, siento, percibo y sé es único y auténtico para mí*". Encontré el regalo de ser yo, no buscando cómo soy similar, ni escondiendo mis diferencias detrás de una máscara. Encontré el regalo de ser yo en las formas en que soy diferente, en la forma única en la que creo mis relaciones, en cómo exploro y veo el mundo, y en cómo observo la vida y todo lo que hay en ella.

    Ser el regalo de mí es ser esto, nada más, nada menos: exactamente solo esto.
SELO, CRÉELO.

LA PRIMERA VEZ QUE SUPE QUE REALMENTE ESTABA SIENDO YO...

Cuando me di cuenta de que podía ser realmente feliz, solo me reí y no paré de hacerlo. ¡Tenía 42 años, y esa fue la primera vez que fui consciente de que realmente podía ser feliz!

—*Karlina van der Weij, Canadá*

"LAS PERSONAS QUE ES[TÁN] LOCAS PARA PE[NSAR] CAMBIAR EL MU[NDO] LO HACE[N]

n lo suficientemente
sar que van a
o son quienes
"

—Steve Jobs

HABLAR DEMASIADO

Paulina Aguayo, México

Siempre he disfrutado hablar con las personas.

Recuerdo que cuando era adolescente, hablaba con las personas sin hogar en las calles. Ellos se me acercaban y me contaban sus historias, y hablábamos por horas. Mis amigos también acudían a mí por consejos o charlas profundas que yo solía llamar 'introspecciones'.

Hace algunos años, tuve una pelea con una amiga que me confrontó con su punto de vista al decir que yo hablo demasiado y que no paro, y que ella y sus amigas estaban cansadas de esto.

En ese momento, tuve esta sensación de paz mientras me percataba *"¡Sí! ¡Esa soy YO!"* ¡Amo hablar y compartir mis percepciones y mis experiencias!

Reconozco mi elección de ser yo y también su elección de estar o no conmigo. Así que, en lugar de cambiar por ellas, *acepté todo lo que yo soy*.

¿CÓMO SABES CUÁNDO ESTÁS SIENDO TÚ?

Sé que estoy siendo yo cuando estoy relajada y alegre, y cuando veo la magia y la belleza en todos y en todo lo que me encuentro.

—*Kass Thomas, Italia*

COLOREAR FUERA DE LAS LÍNEAS

Bret Rockmore, USA

Hay una capacidad que tienes de crear cambio a donde quiera que vayas.

Siempre la has tenido; siempre la has sido, desde que llegaste a este hermoso y pequeño cuerpo tuyo.

Sin embargo, en su gran mayoría, nadie es capaz de verlo.

A cualquier lugar que ibas cuando eras niño, se derretían las barreras de las personas, y sus mundos se convertían en algo diferente y, sin embargo los adultos a tu alrededor ni siquiera lo notaban.

Después empezaste a aprender a hablar, y tus padres y la sociedad en general comenzaron a enseñarte como encajar allí.

Ellos empezaron a mostrarte todo lo que ellos habían aprendido acerca de cómo sobrevivir en un mundo desagradable; ellos te brindaron las herramientas que se les dieron.

Y en todo ese tiempo tú estuviste tratando de mostrarles que no tenía que ser de esa manera.

Trataste de compartir con ellos todo lo que tú sabías que era más allá de esta realidad en la que ellos habían elegido vivir.

Y nuevamente, la mayor parte del tiempo no te creyeron. Te dijeron: "*no puedes hacer eso. Ten cuidado. Esa no es la forma en la que lo hacemos aquí*".

Finalmente comenzaste a disminuir y a apagar todo lo que sabías que era posible, que ellos, desafortunadamente, no podían recibir.

Aquí está la cosa: ¡NO LO PERDISTE!

En su lugar te conformaste con lo normal, promedio y real.

Comenzaste a colorear dentro de las líneas … *para no causar problemas, para no ser mucho más de lo que las otras personas podían manejar, disminuyéndote para que otros estuvieran cómodos, fingiendo ser lo que no eres, para poder hacer felices a todos los demás; y tolerando lo que en realidad no funciona para ti.*

¿Y si pudieras desaprender todo lo que te mantiene coloreando dentro de las líneas?

¿Y si pudieras volver a invitar a todas las partes de ti que elegiste invalidar?

Siempre han estado esperando. Eres tú, es quién eres verdaderamente.

¿Estás dispuesto a dejar de fingir que encajas?

¿Estás dispuesto a ser total y desvergonzadamente tú, con tus verrugas y todo lo demás?

…ES SER VERDADERAMENTE TÚ

¿Estás dispuesto a ser demasiado y totalmente inapropiado?

¿Estás dispuesto a comenzar a crear una vida que funcione para ti sin importar si hace feliz o no, a tu familia?

¿Estás listo para comenzar a colorear fuera de las líneas?

TOMA UN BOLÍGRAFO

¿CÓMO TE ENCUENTRAS A TI MISMO, CUANDO TE PIERDES? ¡TRES RECORDATORIOS!

1. _____

2. _____

3. _____

"*Nadie es lo s*
valioso como
erróneo

ICIENTEMENTE
ARA HACERTE
OR ELLOS." —Dr. Dain Heer

ENCONTRARTE CUANDO TE PIERDES A TI MISMO...

Mi herramienta favorita y rápida para volver a mí cuando me he alejado es bajar todas mis barreras, expandirme tan grande como puedo ser, tomar una respiración profunda (o cuatro) y preguntar: *"Si estuviera siendo verdaderamente yo justo ahora, ¿qué sería eso?"* Y entonces, desde ese espacio, sigo con mi día. ¡Oh, y repítelo tanto como se requiera!

—*Gabriella Vena, EE.UU.*

ELEGIR TRIUNFAR VIVIENDO

Simone Arantes, Brasil

Crecí en la equivocación total, creyendo básicamente, que cada parte de mí estaba mal.

No encajaba en la mayoría de los puntos de vista de las personas sobre como debían ser las cosas, ni en qué y cómo debería ser yo.

Cuando estaba a punto de elegir qué estudiar en la universidad, hablé con mi papá y le dije: *"me gustaría ser un juez"*. Me contestó que no podía ser un juez, pues no había mujeres en la magistratura. Pero me dijo que podía ser abogada.

Como no deseaba ser abogada, decidí estudiar química, e hice un doctorado y un post doctorado en química. Sin embargo, sin importar esos éxitos y la facilidad con la que los logré, nunca reconocí nada de eso.

Solo continúe viviendo mi vida, nunca siendo verdaderamente feliz, nunca sintiendo que había tenido verdadero éxito en algo. No fue sino hasta después, mientras hablaba con mi papá un día, que me di cuenta de *que yo había elegido no tener éxito*.

Eso me cambió la vida.

Él me mostró que nada me había solo sucedido. Yo había elegido (aunque no de manera cognitiva) cada cosa en mi vida. Había elegido ser tan rara y diferente como verdaderamente soy, sin importar si la gente me juzgaba o no.

Ahora, mi vida es un regalo para mí, y soy quien la ha elegido.

¿CÓMO SABES CUANDO ESTÁS SIENDO TÚ?

¡Sé que estoy siendo yo cuando me río sin tener una excusa, y cuando todo es fácil divertido e increíble!

—*Claudia Cano, México*

RESPALDARTE A TI MISMA

Shivam Saxena, India

Desde una edad muy temprana, me di cuenta de que yo no era como la familia infame, abusiva, violenta, manipuladora y dominante en la que había nacido. No necesitaba pruebas; simplemente sabía que yo no era así. Probablemente tenía seis años, y no me sabía todo el alfabeto, o los números más allá del 50, y sin embargo sabía que era diferente.

Me preguntaba ¿quién era yo en realidad?

Mis padres insistían en el respeto a los mayores, hasta el punto donde nuestra familia era un sistema de comando jerárquico. Mis hermanos mayores tenían el derecho de molestarme, y aun así yo tenía que ser respetuosa.

Siendo la menor, y también siendo niña, no tenía voz, no tenía derecho a elegir por mí misma, y no tenía ningún valor. Frente a un abuso horrendo, y sin apoyo de nadie, me enseñé a respaldarme a mí misma. Cada vez ahondaba en: *"si no soy como ellos, entonces ¿quién soy en realidad?"* Capa tras capa, comencé a descubrir un nuevo aspecto sobre mí y surgió un nivel de fuerza completamente nuevo.

La parte loca es que cada vez que yo estaba armada con más de mí, la gente se alejaba; se mostraba más cambio, junto con más espacio para crear mi vida. La elección para mí era clara; podía ver qué más estaba disponible para mí y mostrarme más y más como yo, o podía caer en la miseria junto con el resto de ellos.

Para cuando tenía once años, estaba harta del abuso físico y sexual que enfrentaba en casa. Busqué en línea y encontré un internado al sur de India que realmente me gustaba, y que tenía una directora que yo pensé que iba a escucharme.

El día siguiente le escribí una carta en la que fui totalmente vulnerable. Le escribí: *"no soy muy buena estudiante, y aquí están mis calificaciones…"* Después le expliqué la razón verdadera por la que quería abandonar mi hogar.

Esta era una de las 20 escuelas más importantes de India, donde asistían chicos de todo el mundo. No tenía idea de lo que era una inscripción o el proceso de ingreso. Solo escribí esa carta. Un par de meses después, recibí una carta de la directora pidiéndome ir al internado con mis padres para una entrevista.

Así que, ahí estaba yo, con el primer paso completado. Ahora, ¡es asombroso como el universo conspira en tu favor cuando te comprometes contigo!

Mis padres, inicialmente, estaban muy renuentes a enviarme lejos, pero mi padre tenía una posición de importancia con el gobierno indio y estaba asignado a un área que manejaba información sobre el crimen. Justo alrededor de este tiempo, él había recibido un reporte de la policía que hablaba sobre unos terroristas planeando secuestrarme.

Básicamente ellos no tuvieron elección y me enviaron a un lugar más seguro, y ¿qué mejor lugar para enviarme que a un internado que yo había elegido? *¡Gracias universo!*

Para mí, esa creación a los once años de edad es un testimonio inmenso de lo que puedes crear cuando te comprometes contigo mismo. NO solo vas a sobrevivir o a arreglártelas. Vas a prosperar. Y esto fue solo el comienzo…

Cuando eliges *ser tú verdaderamente*, y no tienes que comprarte las diabluras, las mentiras, los dogmas, los miedos, las dolencias y las enfermedades de las personas alrededor de ti. Pones un alto a la limitación que tu familia puede ser.

Cuando verdaderamente eliges ser tú, realmente puedes crear una vida que es verdadera para ti, más allá de las personas o de la familia en la que naciste.

¿CÓMO SABES CUANDO ESTÁS SIENDO TÚ?

Sé que estoy siendo yo cuando tengo esta sensación de un espacio de no juicio a mi alrededor. Cuando no estoy reaccionando, o soy el efecto de algo. Cuando hay facilidad y estoy feliz sin razón alguna. Cuando estoy agradecida por todo, y es muy divertido estar viva. Durante este tiempo, sé que todo puede cambiar y que vivo desde lo que es posible, en lugar de hacerlo desde los puntos de vista limitados de los demás.

—*Margit Krathwohl, Alemania*

"No son nuestra
que nos muestr
Son nuestra

HABILIDADES LO *QUIENES SOMOS,* ELECCIONES."

—Dumbledore *("Harry Potter und die Kammer des Schreckens")*

RECIBIR A TU FAMILIA

Susanna Mittermaier, Austria

Al crecer como hija única con padres dulces que me hicieron el centro de su universo, aprendí a ser muy consciente de las necesidades de los demás.

En algún punto, alrededor de mi adolescencia, mi repuesta a ser el universo completo de dos personas fue protegerme a mí. Pensaba que iba a desaparecer, y que mi ser dejaría de existir si no ponía paredes y barreras para mantener un sentido de mí misma.

Inclusive perfeccioné la maniobra completa creando distancia confortable con todo el mundo. Mientras tuviera una barrera levantada, podía asegurarme de tenerme a mí. O al menos, eso creía.

Si tú te reconoces de alguna forma al leer esto, tal vez es momento de que te hagas las mismas preguntas que yo hice finalmente. *"¿Eso funciona realmente? ¿Esto me está dando la vida que me gustaría tener? ¿Esto realmente me trae felicidad?"*

Sabes la respuesta a esto, ¿no? Eso estalló mi mundo completo y destruyó las barreras que pensé que eran mis mejores amigas, mis hermanos y hermanas. En ese momento, sabía que tenía que soltar, si quería tener la libertad y el espacio de ser yo.

Un buen amigo mío dijo: *"¿Y si solo recibes lo que tus padres te están regalando? ¿Y si permites entrar eso? No importa lo que sea, si puedes recibir todo y no lo juzgas más, ¡siempre te tendrás a ti!"* Nadie puede quitarte eso, si no se los permites.

Me percaté cuanto juzgamos lo que se nos dirige y como lo colocamos después en cajas con las etiquetas: *"buena energía, mala energía, me gusta, no me gusta"*.

Recuerdo cuando era niña, que estaba agradecida por cada palabra que mis padres me decían. Sé que eso suena un poco raro, porque es raro en nuestros mundos tener un nivel de gratitud por los demás. Para cuando era una adolescente, esa gratitud se había esfumado, en favor de separarme de ellos para poder encontrarme a mí.

Así que... pedí ser eso con mis padres nuevamente y dejarlos entrar. Desde entonces mi mundo ha cambiado completamente. No solo nos divertimos mucho juntos, sino que esa elección me permitió recibir al mundo entero de una manera diferente.

Ahora sé que yo *soy* el mundo, y que todos podemos estar unos con otros en una forma totalmente diferente una vez que elegimos bajar nuestros muros y barreras.

...ES SER VERDADERAMENTE TÚ

Sí, a veces nos encontramos con energías particulares y con personas de las que pensamos que no deberíamos de recibir, porque, si lo hiciéramos, ellos nos destruirían. Pero ¡¿y si esa fuera la mentira más grande que te has comprado jamás?! ¿Y si recibirlos te daría, *a ti*? Sé que así fue para mí, y sigue siéndolo cada día. ¿Vale la pena probarlo?

LA PRIMERA VEZ QUE SUPE QUE REALMENTE ESTABA SIENDO YO ...

Las personas, las cosas, las situaciones que parecían incambiables antes, cambiaron mágicamente. Lo imposible se hizo posible. Solo por mí, *por estar dispuesta a ser yo*, las personas se inspiraron a ver; todo aquello que también era posible y estaba disponible para que ellos lo eligieran, si lo deseaban. Estuvieron agradecidos de darse cuenta de que no tiene que ser difícil, y que es solo una elección.

—*Marja Zapušek, Eslovenia*

DIVORCIARTE CON FACILIDAD

Pam Houghteling, EE.UU.

A lo largo de los años he descubierto muchas herramientas acerca de ser tú que también le presenté a mi marido. A través de ellas, dejamos ir muchos de nuestros puntos de vista sobre el matrimonio: lo que significaba estar casados y las proyecciones, juicios y expectativas que conlleva.

Vivir juntos y crear nuestras vidas unidos fue una elección que hacíamos cada día. A veces, durante los 20 años de nuestra relación, tuvimos charlas sobre "el estado del matrimonio" para hacer preguntas sobre lo que estaba funcionando o no acerca de estar casados, y lo que nos gustaría cambiar.

Una noche después de regresar de un seminario, hicimos preguntas nuevamente, y por primera vez fue más ligero no estar casados que estarlo. Hicimos más preguntas, y en el transcurso de una conversación de cinco minutos, elegimos no permanecer casados.

¿Qué le íbamos a decir a la gente? Sabíamos que podía ser fácil crear problemas que no eran reales, pues las personas iban a buscar una razón para el final de nuestro matrimonio: **Que un matrimonio termine por elección no es en realidad algo que las personas acepten fácilmente. Aún.**

Lo pasamos muy bien en los siguientes dos meses implementando nuestra elección. Cada uno de nosotros estaba siendo y eligiendo lo que iba a crear grandeza para nuestra familia. No había juicio, enojo o problemas. Continuamos siendo muy buenos amigos y nos contribuimos y disfrutamos uno al otro.

Sé que esta no es la forma en que funciona en el 99% de los matrimonios que terminan en divorcio. ¡También sé que así podría ser!

¿CÓMO SABES CUANDO ESTÁS SIENDO TÚ?

Si estoy riendo, bailando, brincando o corriendo, puedes apostar a que estoy siendo yo.

—*Lauren Marie, Australia*

"Elegir tu r[...]
mayor rega[...]
darle al mu[...]

ALIDAD ES EL
QUE PUEDES
DO."

—Dr. Dain Heer

ENCONTRARTE CUANDO TE PIERDES A TI MISMO...

Es tan obvio para mí cuando me pierdo a mí misma. Mi cabeza palpita, mi cuerpo se vuelve lento, mi percepción se entume, mi consciencia se vuelve densa. ¡Ugh, que lucha!

Tan pronto como percibo algo así, pregunto: "*¿a quién pertenece esto?*" Después me levantó y coloco una mano en mi centro corazón (el timo) y otro en la parte baja de mi abdomen (el hueso púbico), cierro mis ojos y respiro por la boca. Expando mi energía a las cuatro esquinas de la habitación o al espacio en el que me encuentre. Le pido a la Tierra que me contribuya y me expando más allá de la densidad y la pesadez de la realidad en la que me quedé atorada. Después me expando tan grande como pueda imaginar, más grande que el universo, la tierra, el mar y los árboles de secoya de los que me maravillo regularmente.

Después disipo la energía hacia la tierra imaginándome que la fertiliza y genera una nueva posibilidad. ¡Esto me lleva a una sensación renovada de mí y francamente, justo al lugar donde soy el imán de posibilidad generativa que verdaderamente soy! Es con esta práctica que ¡sé que importo, que existo y que rujo!

Dr. Lisa Cooney, EE.UU.

ENOJO, AMOR Y EMOTICONES

Hanna Valdevi, Suecia

Estaba en medio de una junta de negocios cuando mi hijo de 9 años me llamó camino a casa de la escuela para pedirme algo. Cuando no estuve de acuerdo y no dije sí a lo que quería, se enojó mucho, me gritó en el teléfono y colgó mientras todavía estaba hablando con él.

Mi reacción a este hecho me sorprendió. Me enfadé mucho, me sentía avergonzada y enojada, y al mismo tiempo tratando de mantener mi semblante frente a las personas que estaban en mi junta. No mejoró cuando mi hijo comenzó a expresar su enojo enviándome mensajes de texto cada diez segundos: mensajes de textos llenos de emoticones con caras enojadas. Me costó trabajo concentrarme en la junta.

Mientras el enojo seguía creciendo en mí, traté de descubrir cómo podía tomar control de la situación, para poder seguir en la junta sin perder mi apariencia como una profesional del negocio.

En una manera muy "adulta", comencé a escribir un texto enojado a mi hijo, mientras al mismo tiempo, me fui contrayendo más y más y me desconecté de mí misma. En el medio del texto que estaba escribiendo, no pude evitar reírme de mi misma y de mis reacciones. ¿Quién estaba siendo en esta situación? ¿Qué estaba tratando de probar y a quién? ¿Y qué energía se requería para cambiar todo esto con facilidad para ambos, para mí y para mi hijo?

Me di cuenta de que había aprendido desde pequeña que colgarle el teléfono a alguien era poco respetuoso y algo de lo que deberías sentirte muy molesto. Y cuando estaba enojada cuando pequeña, uno de mis padres vencía ese enojo dirigiendo aún más enojo hacia mí.

Así que, ¿realmente de quién era este punto de vista? La contracción en mi cuerpo era un buen indicador de que seguramente no era mío. Me pregunté: *"Si estuviera siendo verdaderamente yo en esta situación, ¿qué sería?"*

Una energía totalmente diferente se volvió muy presente en mi cuerpo, y de pronto tenía una sonrisa en mi cara. Mi cuerpo se relajó. Borré el texto en el que sermoneaba a mi hijo y en su lugar lo remplacé con emoticones, reflejando la nueva energía que se había mostrado y se los envié a mi hijo.

...ES SER VERDADERAMENTE TÚ

Esta fotografía es una captura de pantalla de nuestra conversación ese día.

Cuando cambié mi energía, y dejé ir mis puntos de vista sobre el enojo y sobre mí como madre, me convertí más en lo que verdaderamente soy, y le tomó a él 30 segundos cambiar.

Estaba asombrada, y también lo estaban las personas en mi junta. ¿Y si tú, siendo tú, es todo lo que se requiere para cambiar cualquier situación?

¿VAS A UNA FIESTA?

Susanna Mittermaier, Austria

Cuando estaba trabajando en el campo de la salud mental como psicóloga, conocí pacientes que se encontraban internados en el pabellón psiquiátrico por semanas, y a veces por meses.

Ese pabellón era un edificio viejo con pisos de plástico. El diseño interior era tan poco atractivo como una estación de trenes. Eso combinado con personas que estaban en los puntos más bajos de sus vidas, era un lugar que no estaba diseñado para ninguna sanación o cuidado cariñoso.

Como yo tenía un trabajo de tiempo completo y tenía que estar ahí muchas horas de la semana, me pregunté: *"¿Qué más es posible aquí? ¿Cómo puedo hacer esto tan fácil y nutritivo para mí y para las personas con las que trabajo?"*

En ese pabellón en particular, el personal no portaba uniformes. Podíamos usar nuestro guardarropa propio. No usábamos batas blancas. Mis colegas se vestían usualmente con "ropa de trabajo" como pantalones de mezclilla y camisetas.

LA MAYOR DE LAS AVENTURAS

Mi punto de vista sobre lo que debo vestir es siempre elegir lo que hace feliz a mi cuerpo, independientemente de la ocasión. Así que, cada día le preguntaba: *"cuerpo, ¿qué te gustaría ponerte?"* La mayor parte del tiempo, eran vestidos lindos, tacones altos y joyería fina.

Le preguntaba a mi cuerpo: *"¿estás seguro? Vamos a ir a trabajar"*. *"¡Sí!"* era la respuesta. En el trabajo, mis colegas me hacían bromas preguntando: *"¿vas a una fiesta?"* a lo que yo respondía: *"¡esta ES la fiesta! Si no lo es, ¿por qué estamos aquí?"*

Después de algunas semanas de estar trabajando en ese pabellón, uno de los pacientes se asomó a la puerta de su habitación y dijo: *"¡Susanna, ven!"* Y me saludó e invitó a su habitación.

Esta era una mujer que había estado en el pabellón psiquiátrico durante semanas. De hecho, ella había entrado y salido del pabellón psiquiátrico desde que era una niña. Los doctores ya casi se habían dado por vencidos con ella. Ella existía, pero no estaba realmente viva. Había intentado suicidarse varias veces. Una vez yo la encontré en su cama en un charco de sangre. Ella dijo muchas veces que su cuerpo era una prisión y que ella quería salir de ahí.

Este día, cuando ella me invitó a su habitación, había una luz en sus ojos que nunca había visto antes. Se paró junto a su armario y me pregunto: *"Susanna, ¿puedes ayudarme? Siempre te ves tan bonita. Hoy me gustaría verme bonita también. ¿Crees que esa camisa va bien con esos pantalones?"*

¡Vaya! ¡No podía creer lo que acababa de oír! A esa mujer nunca le había importado su cuerpo desde que la conocía. Lograr que tomara un baño era una lucha. ¡Y aquí estaba ella con el deseo de honrar a su cuerpo y cuidar de sí misma en una manera en la que nunca lo había hecho antes!

Y no se detuvo allí. En los días y las semanas siguientes, los pacientes, uno tras otro, comenzaron a vestirse bien y a preguntar sobre consejos de estilo. Si existiera un premio para el pabellón mejor vestido, ¡nosotros lo hubiéramos ganado!

Esto suena como algo pequeño, pero fue un paso enorme en las vidas de estas personas el incluir a sus cuerpos, honrarlos y dar un paso hacia la elección de vivir.

Nunca vas a saber lo que vas a inspirar al elegir ser tú. Puede sorprenderte en qué formas puedes inspirar al mundo y a las personas alrededor de ti.

Y frecuentemente, son las cosas que son tan fáciles y normales para ti que ni siquiera piensas en ellas… *Tu diferencia es cambiar el mundo, justo ahora.*

LA PRIMERA VEZ QUE SUPE QUE REALMENTE ESTABA SIENDO YO...

Muchas cosas cambiaron para mí cuando comencé a ser más de quien yo era verdaderamente. De repente, estaba interactuando con más personas. Tanto amigos como extraños, literalmente se detenían y me preguntaban qué estaba haciendo diferente para verme y ser tan feliz todo el tiempo. Comencé a elegir cosas que eran divertidas para mí en lugar de ser el efecto de las proyecciones de otras personas.

Más que eso, me di cuenta de que algo que había considerado equivocado sobre mí a lo largo de mi vida, mi naturaleza cariñosa y amable, era de hecho, una fortaleza. esto es lo que me ayudó a sanar y crear cambios más grandes en las vidas de las personas.

Me di cuenta de que hacer algo solo por el gozo de hacerlo creaba mucho más que solo buscar la perfección.

—*Smriti Goswami, India*

"La mayoría d[e]
no tienen ni i[dea]
que su cuerpo
para sentirse

LAS PERSONAS
...A DE LO BIEN
...STÁ DISEÑADO

—Kevin Trudeau

LA REINA DEL JUICIO PROPIO

Betsy McLoughlin, EE.UU.

¿Alguna vez te has sentido desconectado de ti mismo y de tu cuerpo? Bueno ¡así ha sido para mí la mayoría de mi vida!

He juzgado incontables veces mi cuerpo, en cada talla que he sido, desde una talla 14 hasta apenas caber en una talla 32 de ropa de mujer. Me juzgué tanto que caí en una depresión profunda y llegué al punto donde estaba contemplando suicidarme. También sufrí varias enfermedades, incluyendo cáncer.

Sin darme cuenta, me había exiliado a mí misma de mí. Literalmente, había erigido enormes y gruesos muros alrededor de mí con un cuerpo de talla grande así como paredes emocionales mucho más grandes de lo que podía imaginarme.

No tenía idea de quién era yo. Tenía algunos destellos de momentos felices y pasajeros de mí, solo para no perderme a mí misma en el agujero negro del juicio continuo, el odio a mí misma y el abuso a mi cuerpo.

Después de muchos, muchos años de caer en espiral más y más en el lodazal de este exilio auto impuesto, dije ¡YA FUE SUFICIENTE!

Estaba tan cansada del dolor en mi cuerpo y de escuchar mis quejas todo el tiempo. Algo tenía que cambiar, o yo ya no quería permanecer en este planeta viviendo la vida que estaba experimentando.

¿Alguna vez has notado que cuando haces una demanda sobre algo, las oportunidades comienzan a mostrarse para contribuir a tu petición? El universo es brillante en ese sentido, ¡si lo pides! Comencé a ver posibilidades donde antes solo tenía una lúgubre desesperanza.

Un día un amigo me habló sobre las Barras de Access Consciousness, y esta conversación de 2 minutos cambió mi vida. Las Barras de Access son 32 barras de energía que corren a través y alrededor de tu cabeza que se conectan a diversos aspectos de tu vida. El tocar esos puntos ligeramente comienza a aclarar la energía bloqueada allí. Cuando tocaron esos puntos, estaba sorprendida de como me sentí, ¡simplemente porque tocaron mi cabeza! ¡Después de mi primera sesión de Barras, tuve paz y calma, no había ese parloteo constante de juicio en mi cabeza y yo estaba feliz! Este fue el inicio del cambio en mi vida que yo demandé que se mostrara.

Desde entonces, me hago Barras tan frecuentemente como me es posible, cuando ha pasado demasiado tiempo sin hacerlo, mi cuerpo pide una sesión. Empiezo a tener dolores de cabeza, o me siento de mal humor. Tan pronto como me activan las Barras ¡BOOM! soy YO de nuevo y los dolores de cabeza y el mal humor desaparecen.

…ES SER VERDADERAMENTE TÚ

Continúo pidiendo más comunión con mi cuerpo, más facilidad en mi vida y ¿qué crees? ¡Está mostrándose en maneras deliciosas y divertidas!

Ya no escondo quien soy. El juicio constante de la talla de mi cuerpo se ha ido, sin importar la talla que sea ese día.

El dejar ir esos juicios ha liberado todo lo que estaba escondiendo detrás de esas paredes gruesas. ¡Ahora soy capaz de aceptarme completamente, mis bellas imperfecciones y de celebrar todo lo que he creado!

Estoy agradecida por el viaje; todo eso ha contribuido dinámicamente a mi vida.

Estoy aquí para decirte, mi amigo, que es totalmente posible cambiar tu vida si deseas algo diferente! ¡Te insto a hacer preguntas y ver lo que se muestra para ti!

Si la reina del juicio propio puede convertirse en ella misma y eliminar el juicio ¡también puedes hacerlo tú! ¡Puedes crear la vida que deseas mi amigo!

¿CÓMO SABES CUANDO ESTÁS SIENDO TÚ?

Sé que estoy siendo yo cuando crece un sentimiento de gozo y felicidad dentro de mí que siento en todas mis células. Y en ese momento, sé que puedo tener éxito en cualquier cosa y que puedo crear todo. No se trata de CÓMO. Se trata de SER.

—*Berna Sirin, Turquía*

LA MAYOR DE LAS AVENTURAS

TOMA UN BOLÍGRAFO

¿CÓMO SABES CUANDO ESTAS SIENDO TÚ VERDADERAMENTE?

_____

_____

_____

_____

_____

_____

...ES SER VERDADERAMENTE TÚ

LA HOJA

Angela Kovacs, Hungría

Una mañana desperté con un dolor profundo. Había sucedido tantas veces, especialmente cuando llovía por las noches, así que no estaba sorprendida. Aunque ahora parecía peor de lo normal.

Siempre tomaba una hora calentar mis articulaciones antes de poder ir a trabajar… y cuando llegaba allí, no me permitía sufrir con mi propio dolor. En su lugar, escuchaba los problemas de las otras personas.

Este día en particular, tomé con mi bicicleta el camino usual al trabajo.

El viento soplaba en mi cara, y me fui sintiendo más relajada.

Entonces, una hoja cayó frente a mí, lentamente. El tiempo solo se detuvo. El espacio se expandió. Yo estaba riendo como loca y llorando al mismo tiempo por la hoja que había caído en mi bicicleta.

Pareció como si este momento breve durara una hora.

Y esta hoja me inspiró a moverme hacia algo más, hacia una energía diferente, a un espacio diferente, a un todo diferente.

La hoja cambió mi día, mi mundo, y me dio el mensaje de que hay algo más disponible aquí. De que no estoy sola.

Hay contribución alrededor de todos nosotros.

Si cada momento sencillo y cada hoja pueden ser una gran invitación, ¿qué más es posible entonces?

Si cada molécula puede ser una gran invitación, ¿qué más podemos preguntar, recibir y crear en el futuro?

ENCONTRARTE CUANDO TE PIERDES A TI MISMO...

Tengo un proceso sencillo de cuatro pasos para encontrarme a mí cuando estoy perdida.

Paso 1. Notar que estoy perdida.
Oh, estoy hablando en mi cabeza nuevamente, reviviendo una historia del pasado, o preocupándome sobre el futuro. O bien, estoy sintiendo tensión o pesadez en mi cuerpo que no estaba ahí hace un momento. O bien, me estoy comportando de una manera bizarra, o estoy juzgando, o diciendo algo que no es mi punto de vista.

Paso 2. Elegir
Bien, estoy perdida. ¿Me gustaría cambiar eso? A veces, lo que quiero realmente es terminar de contarme esa historia de nuevo, o disfrutar de la tensión o la pesadez o la confusión que no me pertenece. Eso está bien. Vuelvo a preguntar otra vez en unos minutos.

Paso 3. Preguntar
Las preguntas de respuestas abiertas son como una brújula mágica apuntando hacia mí. Como estas preguntas: "¿A quién pertenece esto?" "¿Quién estoy siendo?" "¿Qué es lo bueno de mí que no estoy viendo?" Las preguntas ayudan a traerme al presente y crean el espacio para una posibilidad diferente. Ellas me invitan a darme cuenta de lo que es verdadero para mí. Instantáneamente estoy de vuelta conmigo y con mi cuerpo, presente y consciente del momento, y siendo yo. Y es la sensación más hermosa.

Paso 4. Reconocer
Ahora, reconozco como es cuando estoy siendo yo. Reconozco la elección que he hecho de ser yo, y el cambio que he creado. *¡Hola yo! ¡Estoy de vuelta!*

— *Kristen Tromble, Alaska, EE.UU.*

"Si no te detienes, no puedes fallar."

—Dr. Dain Heer

¿CÓMO SABES CUANDO ESTÁS SIENDO TÚ?

Sé que estoy siendo yo cuando estoy llena de gozo. No necesito ser ruidosa y extrovertida. Es el espacio del gozo donde no estoy reaccionando o luchando. Ser yo no es alejarme de lo que sé, incluso si es incómodo para los demás, o incluso para mí.

—*Doris Schachenhofer, Austria*

MI PRINCESA ENLODADA

Doris Schachenhofer, Austria

Mi hija se permite a sí misma ser tanto una princesa como la niña que se ensucia con el lodo. Puedo verla ser toda ella todo el tiempo. Ella me inspira.

La veo cambiando situaciones en segundos. Ella habla con todos en todos lados. Ella conoce personas y solo dice "hola", y sus mundos se derriten de cualquier cosa que estaban experimentando solo momentos antes. La facilidad que tiene con ser ella es una gran invitación a que cada momento en nuestras vidas podemos cambiar hacia algo más grandioso si lo elegimos.

Ella es el gozo encarnado, y quiere que todos sepan que la vida puede ser divertida.

Ella tiene cinco años, y debo decir que frecuentemente he descartado su invitación y simplemente he estado molesta cuando ella llega a cambiar la situación. Ahora puedo recibirlo más, y tengo mucha gratitud.

...ES SER VERDADERAMENTE TÚ

Lo que amo más es que me muestra que ella no tiene ningún punto de vista en absoluto, y que nada es relevante por mucho tiempo. A veces le pido perdón por lo que le he dicho, o como he actuado a su alrededor, y ella responde: "*todo está bien mamá*". Después de eso, se da media vuelta y se va.

Me asombra cada vez, y es un regalo inmenso para yo no juzgarme, y ver qué más es posible y qué más quiero elegir.

Definitivamente ella está cambiando mi mundo solo siendo ella.

¿CÓMO SABES CUANDO ESTÁS SIENDO TÚ?

Si realmente estoy siendo yo, soy espaciosa. Tal vez te preguntes: "*¿qué carambas significa eso?*" Para mí, significa que no me preocupo por las cosas pequeñas.

Cuando soy espaciosa, hay muy poco que sea significativo o parezca importante. Me despierto feliz y agradecida por el canto de los pájaros, o por el color de las nubes antes del amanecer, o por la luz en la habitación cuando el sol apenas se asoma por las montañas.

Esta profunda gratitud es un signo seguro de que estoy siendo yo.

—*Corinna Stoeffl, Alemania*

*"La vida e[s]
de eleccio[nes]
Elección qu[e]
hace[...]*

CUESTIÓN
ES, Y CADA
E HACES, TE
A TI."

—John C. Maxwell

SIENDO YO CON MIS HIJAS

Laura Simmonds, Reino Unido

Ser una mamá soltera con tres hermosas hijas adolescentes puede ser un reto. Sin embargo ahora tengo una ligereza con ello que a veces todavía me sorprende.

Recuerdo la primera vez que me percaté de que simplemente había una facilidad para todo eso que nunca había estado ahí antes. Fue hace como dos años. Primero, se lo achacaba a su edad, justificando que eran fases nuevas con hijas que eran más grandes y maduras. *Lo que no reconocí al principio era el cambio que yo había elegido SER.*

Antes de eso, recuerdo ver mi vida y cuestionarme todas las cosas que no estaban funcionando para mí. Mi vida había sido mayormente sobre la felicidad de todos los demás. De alguna manera, me había convencido a mí misma de que yo, la fuerte e independiente, en realidad no necesitaba ser feliz. De muchas maneras yo ni siquiera importaba en lo absoluto, yo no era una prioridad. Después de todo yo era una MADRE, y si todas ellas estaban felices, entonces yo era feliz. Una mañana desperté temprano al salir el sol y el rocío estaba aún fresco. Salí a caminar por la hermosa campiña cuando me crucé con algunos conejos en el campo más allá. Algunos de ellos estaban jugando, mientras otros picoteaban la hierba en el camino tranquilo que estaba ante mí.

Al detenerme para observarlos, los miré y me di cuenta de que cada uno de ellos estaba haciendo lo que quería, y que entre ellos estaba esta sensación de facilidad de solo estar juntos. «¿Qué era eso?» me pregunté. *"¿Qué están siendo ellos que nosotros no estamos siendo?"* Empecé a ponderar.

Y entonces lo supe, una palabra voló a mi mundo y encendió todo como si fuera un faro: ¡PERMISIÓN!

Ese fue el momento en el que todo empezó a cambiar, y ser mamá se convirtió en más facilidad y gozo, en lugar de un reto. Fue el momento en que empecé a hacer preguntas en cualquier lugar donde no tenía permisión por mí, donde fuera que no tenía permisión por mis hijas y donde fuera que no estaba incluyéndome a MÍ. Desde ese espacio, demandé un cambio.

Fue el momento en el que elegí algo diferente: *comencé a incluirme en mis elecciones.* Comencé a elegir por mí, por mi felicidad y por mi ser. Y al hacer eso, empecé a ver con mis propios ojos, el cambio y el hermoso regalo que es.

...ES SER VERDADERAMENTE TÚ

Fue como una varita mágica diseminando una luz tibia y radiante a todo alrededor, incluyendo a mis hijas. ¡Ellas comenzaron a elegir eso también!

Me di cuenta de que en realidad no tenía que HACER tanto para que los demás estuvieran bien. Era simplemente suficiente para mí el **ser yo.**

¿CÓMO SABES CUANDO ESTÁS SIENDO TÚ?

La forma en la que sé que estoy siendo realmente yo es cuando puedo percibir que estoy a todo vapor. En otras palabras, estoy siendo realmente YO cuando no apago ninguna parte de mí.

Lo gracioso de esto es que cuando estás mostrando realmente todo lo que eres, el jugar a lo pequeño comienza a ser más y más difícil. Cuando todos tus cilindros están calientes y trabajando, las cosas que usualmente te detenían (el juicio, las proyecciones, el miedo, el rechazo y todo eso) no acarrean la misma potencia, y también la permisión comienza a llegar mucho más rápidamente.

—*Sarah Grandinetti, EE.UU.*

MÁS ALLÁ DE LA MEDIOCRIDAD

Lisa Henriksson, Suecia

En cualquier momento en que me despierto molesta, volteo a ver una fotografía que tengo en el buró junto a la cama.

Es una fotografía de mi hija, Nova, en el escenario, sonriéndome radiantemente, su sonrisa brillando mucho más que el sol mismo, su pelo despeinado, su atuendo muy, muy casual.

Nuestras familias viven en Suecia, donde la mayoría de las personas comparten el punto de vista de que nunca debes destacar o ser diferente. Es mejor ser tan normal como te sea posible, para vivir tu vida en un balance moderado.

No para Nova.

Cada vez que veo esa fotografía de mi hija, recuerdo lo increíble que es, la forma en que ella confía profundamente que *ser ella* es extraordinario, es brillante en tantas maneras, la forma en que sabe, en un nivel profundo, que ser verdadera con ella misma es mucho más importante que encajar. Es lo que verdaderamente importa.

La fotografía fue tomada hace varios años cuando Nova pasó una semana en la casa de su papá. Esa mañana, él la envió al colegio sin recordar que esa tarde ella iba a estar en una presentación importante en el auditorio de la escuela para todos los padres.

Cuando llegué a la escuela, la vi en el escenario en un atuendo que parecía su pijama y un pelo que no había visto un cepillo en días. Ella definitivamente estaba "destacándose".

Si esto hubiera sucedido hace algunos años, me hubiera sentido extremadamente incómoda. Hubiera estado seriamente molesta con mi exmarido por haber olvidado este evento tan importante en el mundo de nuestra hija. Me hubiera sentido apenada por Nova y profundamente avergonzada frente a los otros padres y maestros.

Pero esa noche, aun cuando estaba sumamente consciente de algunos de los juicios de los otros padres sobre nuestro pequeño y sucio rayito de sol, no me molestó en lo absoluto. Desde mi punto de vista, el traje de Nova, o la opinión de todos los demás acerca de ella o de mí como madre, no era un problema. Esas opiniones no nos pertenecían ni a Nova ni a mí.

Y aparentemente, el pelo despeinado de Nova y su atuendo tan anormal no le importaba a ella tampoco. Podía verla radiante en el escenario, y yo disfruté completamente del increíble espectáculo sin preocupaciones.

En el auto de camino a casa, sentada junto a mí, Nova se veía tan feliz y satisfecha. Entonces de pronto, ella dijo: *"mami, Ellen dijo que era rara por no usar*

…ES SER VERDADERAMENTE TÚ

mi mejor traje para el espectáculo, como todos los demás niños". iba a preguntarle cómo se sentía sobre eso, pero ella tenía más que decir. "Le dije a Ellen, 'no importa lo que me ponga o como me vea. ¡Sé que soy maravillosa y hermosa así como soy!'"

Mi sabia, mágica y hermosa hija había elegido una de las actitudes más gratificantes que yo creo cualquiera puede tener: saber que eres brillante y hermoso sin importar lo que cualquier persona piense o diga, y sin importar como te veas o lo que hagas.

Nadie puede quitarte eso.

Esa noche en el auto, mi corazón se derritió. Me sentí tan agradecida de que mi hija no se hubiera, y aún no lo hace, comprado la mediocridad obligada y la falsa seguridad de ser normal, de no destacar, de integrarse.

Es tan genial que ella no recoge e internaliza los juicios y las proyecciones de todos los demás, como yo lo hacía a su edad, y por muchos años después de eso. Ella es quien es, y se gusta a sí misma sin importar nada. ¿Cómo puede ser más hermoso que eso?

Si pudiera elegir entre el pelo desenredado y el amor de Nova por quien ella es, elegiría el amor todos los días. *Con ese amor, esa luz, esa confianza ¿qué más es posible?*

ENCONTRARTE CUANDO TE PIERDES A TI MISMO...

Siempre que quiero "encontrarme a mí misma" nuevamente, la forma más fácil y rápida para mí es empezar a cantar o escuchar música, o solo mover mi cuerpo, lo que crea esta conexión es un nivel de presencia con mi cuerpo donde simplemente sé que estoy siendo yo de nuevo.

—*Marja Zapušek, Eslovenia*

MAMÁ, ¿ESTÁ TODO BIEN?

Katarina Wallentin, Suecia

¡La mayoría de los niños con como estos radios receptores que van caminando! Ellos perciben todo y son extremadamente conscientes (en formas muy irritantes) de lo que sucede a su alrededor, sin importar si es hablado o no. Y en contraste con todos nosotros, los niños no han aprendido aún a pretender que nada es diferente cuando la energía cambia o los humores fluctúan.

Mi hija sabe en un segundo si algo me está sucediendo. Ella entra a mi habitación y me pregunta: "*mamá, ¿está todo bien?*"

En ese momento puedo elegir ser perfecta o puedo elegir ser yo. Y mi elección le dará a mi hija diferentes regalos para el futuro.

Vamos a explorar solo dos respuestas posibles en una situación donde he recibido una llamada inesperada que me ha enojado.

Mi hija pasa por la puerta y me pregunta: "*mamá, ¿está todo bien?*"

Alternativa 1:
Respondo: "*¡Oh sí, por supuesto! Todo está bien, linda*".

Alternativa 2:
Respondo: "*Estoy un poco molesta. Acabo de hablar con un amigo mío que me dio una noticia que me hizo enojar mucho*".

Ahora, si elijo la alternativa uno, mi hija va a irse de mi habitación dudando de sí misma. Ella va a dejar de confiar en ese instinto que es una increíble guía en la vida. Ella va a dudar de su saber y de su capacidad para leer a las personas y a las situaciones.

Si en su lugar elijo la segunda alternativa, y elijo bajar mis barreras y ser vulnerable con mi hija y con lo que está sucediendo en realidad, eso va a reconocer su consciencia y ella va a confiar aún más en sí misma en el futuro.

Ella va a saber que sabe.

Además, eso va a abrir un espacio de vulnerabilidad para ella. Eso le va a mostrar que todo se permite y se incluye en nuestra conversación.

La próxima vez que le pregunte: "*linda, ¿estás bien?*" ella va a saber que puede bajar sus barreras también, y responder con lo que es, y no con lo que se espera.

Mira, la mayor parte de nosotros pasamos nuestras vidas completas tratando de decir lo que se espera de nosotros, lo que es normal y racional. Constantemente tratamos de probar lo bien y lo correcto que estamos, mientras que dentro de nosotros pensamos que estamos mal y equivocados.

Aprendemos a una edad temprana a apagar el radio receptor, porque dudamos la información energética que recibimos. Y una vez que las barreras están en su sitio, ni siquiera podemos oírnos más a nosotros mismos.

La vulnerabilidad puede abrir una forma completamente nueva de navegar el mundo, desde tu saber. Tener vulnerabilidad contigo mismo es nunca poner una barrera a quien tú eres verdaderamente, o lo que está sucediendo a tu alrededor. Eso te permite estar presente con todo, y ser cualquier cosa.

Lo que pasa es que, no puedes enseñarles la vulnerabilidad a tus hijos.

La única manera de darle a tu hijo el regalo que es la vulnerabilidad es serla.

Sí, puede que haya algunas veces en las que es apropiado no decirle a un niño lo que está pasando exactamente. Hay veces cuando lo que va a crear más es usar una mentira blanca para crear la sensación de seguridad que se requiere.

Y tú sabes cuándo son esos momentos. Esas no son las veces de las que estoy hablando, estoy hablando sobre todos los otros momentos.

La próxima vez que tu hijo te pregunte: "*mamá, ¿está todo bien?*" ¿Qué tal si eliges ir por la respuesta vulnerable? **Y sé tú.**

LA PRIMERA VEZ QUE SUPE QUE REALMENTE ESTABA SIENDO YO…

Cuando me di cuenta de que ya no estaba eligiendo filtrar las elecciones que hacía en mi vida para complacer a otras personas. Fue una liberación más allá de las palabras.

—*Victoria Hickman, Australia*

"Hay dos ma[neras]
puedes vivir [...]
fuera un mila[gro]
como si todo fu[era]

RAS DE VIVIR,
OMO SI NADA
O; PUEDES VIVIR
RA UN MILAGRO".

—Albert Einstein

LA ELECCIÓN DE VIVIR

Margit Krathwohl, Alemania

Llegué a un punto en mi vida en donde no quería probar ningún otro método ni otra técnica para mejorar mi vida. Me sentía atorada con mis limitaciones, y parecía que no estaba abierta para un cambio. O eso pensaba…

Poco después, me encontré en línea unas entrevistas para una modalidad diferente y, sorprendentemente, las cosas de las que hablaban eran exactamente lo que yo sabía pero que no tenía palabras para expresarlo. Así que elegí asistir a una clase llamada, 5 días para cambiar tu vida. Antes de que la clase comenzara, recuerdo haber pensado: "*¡más vale que mi vida cambie o me voy de aquí!*"

Unas pocas semanas después, fui diagnosticada con cáncer. Eso fue un impacto para mí, pues nunca antes había estado enferma. Yo estaba convencida de que podía sanar eso por mí misma. Pero el tumor seguía creciendo en mi cuerpo sin importar lo que hiciera. Para el momento en el que estuve dispuesta a ir al hospital, los doctores me dijeron que no podían hacer nada por mí, excepto atenuar el dolor.

En ese momento me di cuenta de que tenía que hacer una elección.

Como era el fin de semana, tenía dos días para pensar sobre ello sin que hubiera mucha acción a mi alrededor. Podía morir (y tomar otro cuerpo) o podía quedarme con este cuerpo (que amaba) y vivir.

Lo clave para mí fue que estaba separada de mi familia y de todas las personas que conocía. Pude hacer esta elección solo por mí, sin ser el efecto de todas las proyecciones, expectativas y juicios de los demás.

E hice una elección. Estoy segura de que fue realmente la primera elección verdadera para ser yo que había hecho hasta ese momento.

¡Elegí vivir! ¡Elegí tener la vida fenomenal que no había tenido antes y ser fcliz! Hablé con mi cuerpo: *"bien, voy a hacer todo lo que se requiera para que sanes"*. Con esa elección, estuve dispuesta a ser y a hacer lo que fuera que se necesitara para que mi cuerpo estuviera bien.

Lo que ocurrió después fue como una montaña rusa. En el hospital, se realizaron operaciones y tratamientos inesperados con los que fue posible remover el tumor, algo que supuestamente antes parecía imposible.

…ES SER VERDADERAMENTE TÚ

La vida ha sido un viaje excitante desde entonces. Me ha dado esta sensación de paz, y una voluntad de recibir todas esas otras energías que había rechazado anteriormente, de las que ni siquiera estaba consciente antes. El recibir todo, y no juzgar nada, ¡me da finalmente, una sensación de facilidad y hace mucho más divertido el ser yo!

¿CÓMO SABES CUANDO ESTÁS SIENDO TÚ?

Sé que estoy siendo yo cuando sin importar lo que esté pasando a mi alrededor, tengo espacio y facilidad y claridad. Sé que estoy siendo yo cuando estoy feliz. Sé que estoy siendo yo cuando mi vida está en movimiento y cuando percibo la vibración de mi cuerpo, resonando con las personas y las cosas y la tierra a mi alrededor.

Sé que estoy siendo yo cuando hago una elección, especialmente cuando digo "sí" a algo que no he estado dispuesta a elegir antes. Sé que estoy siendo yo cuando estoy con alguien, y su mundo cambia, y mi mundo cambia.

—*Kristen Tromble, Alaska*

FRENTE A LA GRATITUD

Peony Chung, Hong Kong

Se ha dicho que de cara a la gratitud, el juicio no puede sostenerse o sobrevivir. Es verdad.

Cuando era más joven, me dijeron que no tenía gratitud por nada en mi vida. Pasé 18 años tratando de componerme a mí misma. Trataba desesperadamente de hacerme lo suficientemente buena y de ser más agradecida, todo de acuerdo con las opiniones de otras personas y a sus juicios de mí.

Era tan infeliz, y me di cuenta de que me había atascado en una realidad diminuta toda mi vida. Eventualmente, llegué a un punto de inflexión; hice una demanda, podía cambiar o morir.

Una noche poco después, estaba leyendo el libro, *Siendo tú, cambiando el mundo*, del Dr. Dain Heer, y encontré esta frase: "NOMBRA TRES SITUACIONES EN LAS QUE HAS TENIDO UNA FUERTE SENSACIÓN DE SER REALMENTE TÚ".

Esto me llevó al momento en el que mi papá había muerto hacía unos años.

Esto sucedió después de que mi madre se suicidara y todo el trauma, la tristeza y las emociones que estuvieron presentes en mi familia. Mi papá y yo, básicamente, habíamos pasado nuestras vidas enteras luchando por componer las cosas sin tener éxito.

No fue hasta que estuvo por 24 horas en su lecho de muerte, cuando su mente no podía funcionar más, pero su cuerpo todavía tenía sensaciones y podía oírme, que él pudo finalmente recibirme sin ningún juicio.

Al fin, todos los que estaban allí, incluyendo a mi padre, tenían una sensación de paz, permisión, gratitud, vulnerabilidad y honor.

Ese fue el primer momento en mi vida en que fui vista y recibida como yo, mientras no estaba siendo juzgada en lo absoluto por mi familia.

Así que, ahí estaba yo, leyendo el libro y percatándome que yo poseía un concepto de como podía ser el ser tú, incluso si no tenía una forma sólida o pudiera entenderlo.

Estaba tan agradecida. Lloré y lloré y mi cuerpo dejó ir toda la carga que había bloqueado por tantos años.

Ser, es un viaje que no tiene fin.

...ES SER VERDADERAMENTE TÚ

Nadie puede decirme 'como' continuar con mi vida, incluyéndome a mí. De hecho, tengo que hacerme a un lado de mi propio camino.

La elección es la clave. He aprendido a seguir eligiendo y a seguir demandando ser yo, sin importar nada. Nadie puede decirme que hacer o como hacerlo. Es solo cuando elijo, que las puertas se abren.

ENCONTRARTE CUANDO TE PIERDES A TI MISMO...

Cuando no tengo que fingir o tratar de alinearme con cualquier situación, cuando estoy siendo verdaderamente yo en lugar de alguien que se supone que soy, y cuando no tengo que esforzarme y sale fácilmente. Entonces realmente sé que estoy siendo yo.

—*Ayla Aydin, Turquía*

"Hoy e...
maravill...
lo había vi...

un día
so. Nunca
to antes."

—Maya Angelou

SIENDO TÚ CON LA PENA

Wendy Mulder, Australia

Cuando nos vemos atrapados y consumidos por la pena, parece casi imposible creer que hay algo más grandioso sobrepasando eso. ¿Y si la clave para recuperarte de la pena es redescubrirte a ti? Y también, el cambio más simple en nuestros puntos de vista puede permitirnos un nivel de paz, de facilidad, de posibilidad e incluso de magia, que nunca antes creímos podía estar disponible.

Cuando elegí ser más de mí cuidando a mi madre moribunda, comencé a crear, con facilidad, lo que muchas personas creen que es imposible en estas situaciones.

Lo que se mostró al estar dispuesta a pedir constantemente una posibilidad más grandiosa y al ser vulnerable y honesta acerca de lo que yo deseaba y requería elegir, fue que yo era capaz de crear cada momento, cada elección, cada "obstáculo" como un regalo y una posibilidad en lugar de un problema.

También pude recibir el gozo de contribuirle a mi madre y de estar agradecida por ella en mi vida mientras estaba vinculada con mi diario vivir. Ser yo me permitió elegir cuidarla sin tener el 'agotamiento', sin estar exhausta o sentirme abrumada lo que frecuentemente nos detiene de ser capaces de estar presentes, conscientes y dispuestos a recibir todo lo que está disponible con facilidad.

¿Y si pudiéramos ver la pena desde un espacio de permisión, pregunta y posibilidad?

Estoy verdaderamente agradecida por el regalo que fue en mi vida y en las vidas de mi familia el cuidar a mi madre. Lo que pudo haber sido un trauma y una pena interminable se convirtió en una consciencia del regalo que cada elección trae y las mentiras de la pérdida que no necesitamos comprar.

Si la pena fuera un regalo ¿qué elecciones podría ofrecerte, y qué cambios podrían traer esas elecciones?

ENCONTRARTE CUANDO TE PIERDES A TI MISMO...

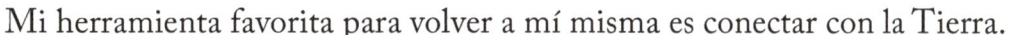

Mi herramienta favorita para volver a mí misma es conectar con la Tierra.

Si tengo tiempo, prefiero pasarlo en la naturaleza. Si estoy ocupada y tiene que ser ahora, este preciso momento es todo lo que se necesita para conectarte con la Tierra. Puedo hacer esto en cualquier lugar; en casa, entre una actividad y otra o en medio de la ciudad.

La tierra está siempre justo debajo, e incluso la casa, el concreto o el pavimento están hecho de materiales que provienen de la tierra. Solo tengo que cerrar mis ojos y recordar un momento especial en el bosque espeso, en las montañas, en la playa o en el desierto.

¡Bum!

La conexión está ahí y vuelvo a ser yo.

—*Corinna Stoeffl, Alemania*

NOSOTROS, COMO SERES, SOMOS UNA DANZA

Katarina Wallentin, Suecia

Mi mamá murió recientemente de cáncer.

Cuando ella falleció, mi papá, mi hermano y yo nos sentamos con ella por las últimas seis horas, estando presentes con cada somera e incómoda respiración; inhala y exhala, inhala y exhala.

Cada una de esas últimas respiraciones tan valiosas, después de todos esos cientos de miles sobre cientos de miles de respiraciones que fluyeron naturalmente por su cuerpo durante toda su vida, sobre las que nunca se reflexionó, que nunca fueron notadas.

Dijimos: "*todo está bien, todo está arreglado, te puedes ir ahora, estás lista*".
Inhala y exhala.
Inhala y exhala.
Dijimos: "*todo está bien, todo está arreglado, te puedes ir ahora, estás lista*".

Inhala y exhala.

Inhala y exhala.

Y no había nada que se requiriera en esa habitación, excepto **ser**.

Los roles, las relaciones, las agendas, las proyecciones, las expectativas, las separaciones y las mentiras…todo eso se desvaneció.

Existíamos en un espacio que se extendía más allá de esa habitación, y más allá de ese momento en el tiempo. Y mientras los últimos rayos del sol de verano se movían cruzando su cara, mi madre finalmente partió. Una última respiración vacilante y después solo permaneció su cuerpo, como un cascarón blanco, vacío y frágil.

En ese momento, fue sofocantemente claro para mí que nosotros, como seres, **somos vibraciones de energía.** Somos una ola acústica que por un corto período se balancea y se mueve y baila con, y dentro de un cuerpo.

Siempre voy a extrañar la forma en bailaba mi madre. Y la forma en que yo bailo cambió para siempre por esas horas en esa habitación.

Siendo yo, en esa habitación, en el asilo, esas horas con las últimas respiraciones de mi mamá…eso fue FÁCIL. En esa habitación, **solo ser podía existir.**

Ser yo, las semanas después de que ella falleció; planear el servicio, revisar sus papeles, recibir amigos y familiares y vecinos; ese fue un reto mucho más grande.

Cada día preguntaba: *"si estuviera siendo yo justo ahora, ¿QUIÉN sería?"*

Y seguía respirando.

Inhala y exhala.

...ES SER VERDADERAMENTE TÚ

Inhala y exhala.
Cada día preguntaba: "*si estuviera siendo yo justo ahora, ¿QUÉ sería?*"
Y seguía respirando.
Inhala y exhala.
Inhala y exhala.
Cada día preguntaba: "*si estuviera siendo yo justo ahora, ¿CÓMO sería?*"
Y seguía bailando.
Inhala y exhala.
Inhala y exhala.
Con el tiempo, fue más fácil.

Esto es lo que sé: soy un nuevo baile cada día. A veces es GLORIOSO, a veces es gracioso y a veces vacilante o incluso torpe.

Pero cada baile es valioso.

¿CÓMO SABES CUANDO ESTÁS SIENDO TÚ?

Los momentos en los que sé que estoy siendo yo, mi pelo podría erizarse por el entusiasmo de estar viva, y al mismo tiempo hay una relajación y una paz a través de todo mi mundo.

Sé que estoy siendo y haciendo lo que realmente me trae gozo, sin importar si es saltar de un avión, aterrizar en un nuevo país lista para una aventura, o pasar el día explorando la naturaleza con mis hijas.

—*Emily Evans Russell, EE.UU.*

"No estás aq[uí]
a nadie. Est[á]
ser aquello

Í PARA SEGUIR
S AQUÍ PARA
QUE INSPIRA."

—Dain Heer

NUNCA JUZGUES TUS LÁGRIMAS

Pragya Sabine Erlei, Alemania

Al perder todo, no tuve otra opción más que solo ser yo.

Hace algunos años todo se había derrumbado, y realmente no tenía ni idea de qué hacer o a dónde ir.

Estaba escondida en una habitación, para que nadie pudiera ver mis lágrimas. Y entonces una amiga me encontró allí y me invitó a sentarme con ella mientras yo lloraba, para que pudiera abrazarme.

Después de un tiempo, aún perdida en mis lágrimas por todas las cosas aparentemente terribles que habían ocurrido en mi vida, mi amiga me miró y dijo *"te ves tan hermosa con tus lágrimas, tu cara es preciosa"*.

Llorando, dije: "¿yo, hermosa? ¿Ahora? ¡Me siento tan fea! ¿Cómo puedo ser hermosa en todo esto?" Tenía tanto juicio de mí y del mundo.

Algunos años después, finalmente entendí lo que ella quería decir.

Para entonces yo había visto a algunas personas, perdidas en el mismo espacio, con las ilusiones de sus mundos perfectos derrumbándose, y ese fue exactamente el momento cuando ellos estaban siendo ellos verdaderamente.

Aquello que parecía ser para ellos el fin del mundo les permitía ser divinamente, humildemente únicos, brillantemente verdaderos con ellos mismos. Había una inocencia y una vulnerabilidad en esos momentos que eran hermosos, eso abrió mi corazón inmediatamente y me permitió solo estar presente.

Sé que a muchos de nosotros no nos gusta llorar. ¿Y si es solo el agua de la vida fluyendo nuevamente, desde donde ha estado atorada y estancada?

Te insto a que nunca juzgues tus lágrimas. No trates de detenerlas. Permite que fluyan, y después elige qué te gustaría hacer después.

Tal vez tus lágrimas pueden ser más hermosas que tu risa y todo lo demás que tratas de hacer para impresionar al mundo. Tus lágrimas tal vez muestren lo que es verdadero para ti en ese momento, y mostrarte el siguiente paso en tu camino.

¿Qué tal si nos unimos y no nos separamos?

¿CÓMO SABES CUANDO ESTÁS SIENDO TÚ?

Sé que estoy siendo yo cuando estoy en paz con cualquier cosa que hago, soy y digo.

No hay ninguna duda, ahí solo hay ligereza, y una sensación de espacio, donde no tengo que definir nada.

—*Norma Forestiere, Brasil*

"SER TÚ MISMO
ESTÁ TRATANDO
EN ALGO MÁS ES

UN MUNDO QUE
DE CONVERTIRTE
L MAYOR LOGRO."

—RALPH WALDO EMERSON

LA PRIMERA VEZ QUE SUPE QUE REALMENTE ESTABA SIENDO YO...

La primera vez que descubrí que estaba siendo yo fue el momento en el que salté de un avión, y no estaba nerviosa para nada.

Cada paso de la preparación y de hecho el saltar en paracaídas fue gozo puro y entusiasmo, y tan pronto como aterrizamos en tierra, quería ir y hacerlo de nuevo.

Me di cuenta de que en realidad no tengo ningún miedo, fui capaz de reconocer cuanto amo la velocidad y explorar la mayoría de las cosas que la gente "teme".

—*Laleh Hancock, EE.UU.*

NO NECESITAS ESCONDERTE

Kristen Tromble, Alaska

Estoy siendo yo, estando aquí, estando presente.

Escucho, hago una pregunta y a veces solo continúo sentada calladamente mientras alguien me cuenta acerca de una relación que está terminando de mala manera. Alguien más me habla sobre sus gustos en la pornografía; alguien me dice acerca de su lucha con el conflicto entre el amor por un familiar que es homosexual y su creencia de que ser homosexual está mal; alguien me cuenta sobre ser acusado de abuso de menores, ser condenado y estar en prisión; alguien me habla de la vez en que supieron de un plan para matar a alguien y se aseguraron de estar en otro lugar, pero no hicieron nada para detenerlo; alguien me cuenta de las veces en que ha matado a alguien; alguien me dice que mató con un tiro a su perro; alguien me cuenta que le gustaría morir.

No tengo entrenamiento como consejera.

Solo tengo el espacio de ser, mientras la gente me dice cosas que nunca pensaron que le dirían a alguien. Y al decir eso en ese espacio, una pesadez se levanta.

LA MAYOR DE LAS AVENTURAS

Hay espacio para ellos y para mí, para nosotros, para percibir que la acción, la emoción, el pensamiento, la cosa "horrible" que ellos han definido como su equivocación irrevocable No es verdaderamente quien ellos son.

No tiene que definirlos por el resto de sus vidas. no tiene que definirlos para nada.

Ellos pueden elegir ser y crearse a ellos mismos como algo diferente.

Tal vez ellos pueden incluso ser en el futuro el espacio para alguien más que les va a decir algo "horrible" que no necesita definirlos más.

ENCONTRARTE CUANDO TE PIERDES A TI MISMO...

El espacio de paz que ofrecen la naturaleza, los niños y los animales me permite conectarme en un nivel celular, un nivel molecular a la intrincada simplicidad de la vida, y me invita a reconocer quién soy.

Paso unos momentos maravillándome en lo fácil que las células y las moléculas se unen en la naturaleza para crear la complejidad de una rosa. Estoy intrigada por el gato que se detiene a medio paso para ver y escuchar atentamente incluso al más insignificante movimiento en el césped.

Mi cuerpo completo comienza a relajarse inmediatamente cuando hago eso. Mi respiración cambia, mis latidos encuentran su ritmo y de pronto, soy yo nuevamente.

Una sonrisa suave, y tal vez invisible surge en mi rostro; mi mandíbula se afloja, mi ceño deja de fruncirse (y mi cerebro con él).

LA MAYOR DE LAS AVENTURAS

Las cosas comienzan a ser más claras y gentiles en mi mundo. Todas las preocupaciones se llenan con el espacio de la facilidad, y comienzo a reírme conmigo misma. Jajaja, estoy de vuelta. Comienzo a ser yo nuevamente, y sé con certeza que todo es posible verdaderamente.

—*Kass Thomas, Italia*

DA EL SIGUIENTE PASO

Aquí estamos, al final de esta exploración de crearte a ti, eligiendo y siendo tú.
   Antes de despedirnos, me gustaría regalarte un recordatorio, una forma de saber cuándo estás siendo tú…

   Una lista de verificación…para ser.

1. *Te gustas a ti mismo.*

2. *Te preocupas por la gente alrededor de ti. Mucho. Sin importar lo que elijan.*

3. *No hay ninguna consciencia que tengas que evitar, lo bueno, lo malo y lo feo. Todo encaja en tu mundo. Puedes estar totalmente presente con todo y con todos.*

4. *Tienes una sensación dinámica de paz. (¡Puedes todavía ser lo suficientemente potente para comenzar un tsunami de cambio con el dedo chiquito de tu mano!)*

5. Eres magia andado, con cada paso, algo nuevo y maravilloso se añade a la sinfonía de posibilidades.

6. ¡Estás cambiando continuamente!

Eso eres, tú. Esa es tu lista de verificación.

Ahora, si no te encuentras ahí en este momento, ¡eso está bien! Entiendo totalmente como a veces parece difícil estar aquí y poner un pie delante del otro y tomar el siguiente paso.

No te equivoques, yo también experimento eso. No significa que estés mal, o que no estés adquiriendo consciencia. es parte de este viaje, y una parte por la cual tan poca gente está eligiéndolo.

Así es la cosa: Justo ahora, tú y tus elecciones, y nosotros y las elecciones que estamos haciendo juntos, están creando un espacio nuevo donde va a ser más fácil para todos los que vienen después de nosotros.

Tú, mi amigo, solo por pedir ser tú, estás en la vanguardia creativa de esta realidad y de la consciencia. Tú eres, justo ahora, una de las personas más valientes en este planeta.

…ES SER VERDADERAMENTE TÚ

Por favor reconoce eso. Nunca te rindas. Sé tú en el momento y elige desde ahí. Da otro paso. Y otro. Y otro.

Y recuerda que eres una creación continua. No hay nada finito acerca de ti. No tienes que "encontrarte", no hay nada que encontrar. Tu misión, si decides elegirla y aceptarla, es crearte como tú eres verdaderamente.

¿La aceptas? ¿Y si tú eres la diferencia que la tierra ha estado esperando?

—*Dain Heer, Houston, Texas EE.UU.*

RECORTA ESTO Y PONLO EN LA PUERTA DE TU REFRIGERADOR...

TU LISTA DE VERIFICACIÓN PARA SER

Por Dain Heer

1. *Te gustas a ti mismo.*

2. *Te preocupas por la gente alrededor de ti. Mucho. Sin importar lo que elijan.*

3. *No hay ninguna consciencia que tengas que evitar, lo bueno, lo malo y lo feo. Todo encaja en tu mundo. Puedes estar totalmente presente con todo y con todos.*

4. *Tienes una sensación dinámica de paz. (¡Puedes todavía ser lo suficientemente potente para comenzar un tsunami de cambio con el dedo chiquito de tu mano!)*

5. *Eres magia andado, con cada paso, algo nuevo y maravilloso se añade a la sinfonía de posibilidades.*

6. *¡Estás cambiando continuamente!*

Lightning Source UK Ltd.
Milton Keynes UK
UKHW051439030321
379596UK00006B/72